Amour ou amitié ?

Pour les amoureux, les amoureuses,
et les amis de Saint-Germain-lès-Arpajon
et de ses environs !
M.

www.editionsflammarion.com

Conception graphique et mise en pages : Flammarion et Marie Pécastaing

Éditions Flammarion – 87, quai Panhard-et-Levassor – 75647 Paris Cedex 13
ISBN : 978-2-0813-9179-6 – N° d'édition : L.01EJEN001352.N001
Dépôt légal : avril 2017
Imprimé en Espagne par Liberdúplex – février 2017
Loi n° 49-956 du 16 juillet 1949 sur les publications destinées à la jeunesse.

Amour ou amitié ?

Texte de
Magdalena

Illustrations
d'**Emmanuel Ristord**

Castor Poche

Allongée sur son lit, Nabila téléphone à Marie.
« Si tu savais ! Je viens de finir un super livre, l'histoire d'un garçon amoureux d'une fille de sa classe, et elle, elle ne le sait pas. Mais un jour, elle découvre son secret, alors elle l'embrasse… Comme j'aimerais être à sa place ! Sauf que pour vivre une histoire d'amour, il faut avoir un amoureux !
– Et ? ajoute Marie.
– Ben… toi qui connais bien Basil, tu sais s'il est amoureux de quelqu'un ? demande Nabila, curieuse.
– Ah… je comprends. Tu aimes bien Basil, on dirait ! Mais désolée, avec Basil on parle jamais d'amour. »

Nabila, déçue, laisse un silence et ajoute :
« Tu crois que j'ai mes chances ?
– Pff, mais je sais pas, moi. »
Et, pour mettre fin à la conversation, Marie conclut :
« T'as qu'à lui demander ! »

TOI+MOI

Le lendemain matin, sur le chemin de l'école, Basil et Marie passent devant un couple d'ados assis sur un banc.

« T'as vu, ils s'embrassent !

– Normal, ils sont amoureux ! répond Marie. À ce propos, j'en connais une qui aimerait bien qu'on l'embrasse comme ça !

– Euh… T'es amoureuse de quelqu'un ?

– Mais non ! répond Marie en riant. De toute façon, je ne te parle pas de moi. Et toi ? »

Basil hésite.

« Moi, amoureux ? Non, je crois pas. Comment on sait quand on l'est ?

– Ben je sais pas, je l'ai jamais été !

– Ah… et tu crois qu'il y a des amoureux dans la classe ?

– Tu veux la liste ? rit Marie.
– Vas-y, dis-moi vite avant qu'on arrive ! »

Marie sort un petit carnet de sa poche et lit.

Nabila est amoureuse de Basil.
Basil est amoureux de Johanna.
Johanna est amoureuse de Jimmy.
Jimmy est amoureux de Kimiko.
Kimiko est amoureuse de Jimmy.

« Comment tu sais tout ça, toi ? demande Basil. Qui te l'a dit ?
– Ben j'écoute, et je regarde. Ce n'est pas difficile, vous n'êtes pas très discrets. Toi, pour Johanna, je l'ai vu tout de suite.
– N'empêche, tu as oublié quelqu'un.
– Ah bon, qui ?
– Celui qui est amoureux de toi !
– N'importe quoi, je le saurais. »
Basil la taquine.
« Tu n'as peut-être pas si bien observé ! »

En classe, Basil veut vérifier si Marie a raison.
Il surveille Johanna du coin de l'œil
et il observe qu'elle se retourne plusieurs fois
pour parler à Jimmy.
Ça lui fait comme un petit pincement au cœur.

Marie lui donne un coup de coude.
« T'es vraiment pas discret. »
Basil rougit et pique du nez dans son cahier.
Tout en faisant ses exercices de mathématiques,
il dessine des cœurs dans la marge
sans même s'en rendre compte.
Marie lève les yeux au ciel et soupire.
« Fais gaffe, tu vas te faire repérer
par madame Chabon. »

Calcul mental
59 - 13 > 83 - 57
67 - 29 < 90 - 45
75 - 57 < 73 - 48
90 + 99 > 150 - 49
75 + 75 180 - 35
73 + 13

À la récréation, Nabila et Johanna
rejoignent Marie et Basil.
Nabila rigole en montrant du doigt Jimmy et Kimiko.
« Regardez-moi ces deux-là, ils sont toujours collés l'un à l'autre. On dirait des chats siamois.
Ils sont mignons, non ?
– Bof, dit Johanna. Ils sont ridicules.
– Arrête de faire ta jalouse, Johanna, dit Basil.
Je trouve qu'ils vont très bien ensemble. »
Et il fait un clin d'œil à Marie.

Johanna hausse les épaules
et préfère changer de sujet.
« Tout à l'heure, madame Chabon a prévenu qu'elle allait nous parler d'un thème pour cette semaine.
Vous croyez qu'on va refaire des exposés ? »
Nabila s'en fiche. Elle se tourne vers Basil.
« Tu crois qu'il va lui offrir un truc
pour son anniversaire ?
– Qu'est-ce que j'en sais, moi ! » répond Basil.
Et il s'éloigne en courant retrouver ses copains.

De retour dans la classe, madame Chabon annonce :
« Nous allons travailler sur le thème de l'amitié.
Nous allons apprendre une poésie,
et ensuite chacun devra en créer une.
– On ne pourrait pas plutôt parler d'amour ?
demande Johanna. Parce qu'il y a des amoureux
dans la classe ! »
Tout le monde rigole en regardant Jimmy et Kimiko.

La directrice fait semblant de ne pas avoir entendu
et écrit au tableau.

Copains, copines,
Voisins, voisines,
On s'entend bien,
On se dit amis pour la vie,
On se confie nos secrets,
Et un jour, c'est fini,
Fâcheries.
Puis on se réconcilie,
Car on s'aime bien.

Copains, copines,
Voisins, voisines,
On s'entend bien

« C'est beau ! s'exclame Nabila.
– C'est tarte, oui ! dit Basil.
– Trop sirop grenadine », renchérit Marie.
Elle veut montrer qu'elle partage l'avis de Basil.
Même si, au fond, elle a aimé le poème.

« Qui veut lire à voix haute ? »
demande la directrice.
Nabila s'applique à lire la poésie,
tout en jetant régulièrement des regards à Basil.
« Tu vois que j'avais raison : je crois que tu es
un copain qu'elle aime plus que bien,
lui glisse Marie à l'oreille.
– Arrête, j'ai vu, et ça m'énerve ! » dit Basil.
Il fait semblant d'être en colère,
mais en réalité, il se sent flatté.

Mercredi, Johanna et Nabila se retrouvent chez Marie pour écrire leur poésie.
Quand Basil les rejoint, Marie l'accueille par un :
« Ouf ! tu tombes bien, toi. Tu vas pouvoir leur expliquer la différence entre l'Amour et l'Amitié.
– Pourquoi moi ? répond Basil, gêné.
– Elles sont pénibles, elles ne me parlent que d'amour, d'amoureux, d'amoureuse, de cœur qui bat et patati et patata. Et toi, tu sais ce que c'est d'être un ami. »
Puis elle continue en s'adressant à Nabila et Johanna.
« Basil et moi, on s'aime d'amitié depuis qu'on est petits, un peu comme des frère et sœur.
C'est ça l'amitié, hein Basil ?
– Ben oui, répond Basil. Mais tu vas écrire sur nous pour ta poésie ?
– Non, t'inquiète, c'était un exemple. »

« Écoutez ce que j'ai écrit, dit Basil.

On était des potos,
On se voyait jamais trop,
C'étais mon pote,
J'étais ton pote,
J'ai déménagé,
On se voit plus trop,
Mais notre amitié,
Est restée sans accroc.

– Alors vous en pensez quoi ? demande Basil, tout content de lui.
– C'est bien, dit Marie.
– Et même très bien, renchérit Johanna.
– Bravo, mais tu parles de qui ?
demande Nabila, curieuse.
– Ah, j'ai oublié de vous dire.
Le titre, c'est *Bob et Basil*.
Bob, c'est mon copain de mon ancienne école. »

des potes,
se voyait jamais trop,
pote,

Jeudi matin, tous les élèves sont très occupés.
Ils décorent la poésie qu'ils ont inventée,
et dessinent sur la page de droite le portrait
de leur meilleur ami.
Kimiko se dessine donnant la main à Jimmy
sous une pluie de cœurs.
« Ce n'est pas un poème d'amitié »,
lui souffle Nabila en se retournant.

Basil donne un coup de coude à Marie.
« Regarde comme Jimmy est doué !
T'as vu le portrait qu'il a fait de Kimiko ?
– C'est de la triche. C'est pas une amie,
c'est son amoureuse. »
Nabila se penche vers Marie :
« Tu vois bien qu'on peut dessiner son amoureux.
– Tu m'embêtes, répond Marie. Fais comme tu veux.
Mais je t'aurais prévenue. »

« Qui veut lire sa poésie en premier ? »
demande madame Chabon.
Nabila et Johanna manquent de tomber en sautant sur leur chaise pour lever la main le plus haut.
Mais c'est Malo qui est choisi.

Malo est fier, il a dessiné un ballon.
Il faut dire que Malo n'aime que le foot.
Il s'avance au tableau et commence.

Mon ballon,
Il est rond,
C'est mon copain,
Mon meilleur ami,
Sans lui,
Je m'ennuie,
Je l'aime pour la vie.

« Je ne m'attendais pas vraiment à cela,
dit la directrice. Mais c'est un joli poème. »
Toute la classe rigole.

Madame Chabon demande à ses élèves ce qui, à leurs yeux, symbolise le mieux l'amitié.

« Un cœur ! s'écrient-ils à l'unanimité.

– Encore mieux, plein de cœurs pour montrer l'amitié dans le monde entier », rectifie Elias.

Tous approuvent.

« On n'a qu'à faire des guirlandes de cœurs, propose Johanna.

– Et pourquoi pas des cœurs pour écrire des messages dedans ? propose Kanoa qui a une idée derrière la tête.

– Super. Et on les mettra dans une enveloppe qu'on décorera », renchérit Kimiko.

« Nous allons profiter de notre séance d'Art plastique cet après-midi pour mettre à exécution toutes vos idées. Vous pourrez travailler seuls ou en groupes. »
Des duos et des trios se forment. Sauf Kanoa, qui veut absolument travailler dans son coin.

Kimiko dessine des cœurs ; Jimmy, Elias et Malo les découpent et les assemblent pour faire des guirlandes. C'est une vraie ruche.
« On n'est plus des élèves, on est tous amis ! » dit Lucie qui adore cette idée.
Elle voudrait écrire un message à chacun.
Johanna et Nabila gloussent.

Nabila chantonne.
« Ami avec amie, amoureux avec amoureuse. »
Et elle ajoute :
« Je pense déjà aux petits mots d'amour que je vais écrire.
– Même pas cap ! » lui dit Johanna.

En rentrant chez eux, Lukas et Kanoa bavardent sur le chemin.
« Pourquoi tu es resté seul ? demande Lukas. J'ai vu que tu avais caché ton message.
– Parce que ça ne regarde pas la classe, répond Kanoa d'un air vague. C'est mon secret !
– Mais moi, je suis pas la classe, je suis ton copain ! Tu peux bien me le dire, au nom de l'amitié. »

Kanoa devient rouge comme une tomate et bafouille.
« OK, j'insiste pas. N'empêche que moi, j'ai une super idée, se vante Lukas. Demain, je vais faire une méga blague aux filles, ça leur apprendra : elles me saoulent à parler d'AMOURRRR.
– C'est quoi ta blague ? demande Kanoa, intrigué.
– Tadam, tu verras demain. C'est mon secret ! »

BIO
C6

Lukas est de très bonne humeur ce matin.
Il a passé sa soirée à écrire ses huit petits mots qu'il a signés « L'amoureux secret ».

Je t'aime comme le vent.
Je t'aime comme le soleil.
Je t'aime comme la pluie.
Je t'aime comme la mer.
Je t'aime comme les montagnes.
Je t'aime comme les nuages.
Je t'aime comme la neige.
Je t'aime comme le ciel.

À l'heure de la récréation, il traîne un peu avant de sortir dans la cour et glisse les messages dans le cahier des filles.

De retour en classe, les filles découvrent et déplient discrètement leurs messages.
Suzy compare le sien avec celui de sa voisine.
« Bizarre, c'est la même écriture ! dit Suzy.
– C'est Lukas, dit Anaé. J'ai reconnu son écriture.
En plus, il adore faire des blagues. »

Dans la file de la cantine,
les filles discutent vivement.
« C'est nul, dit Johanna.
– Elle a raison, renchérit Nabila.
L'amour c'est sérieux, c'est pas un jeu.
On ne doit pas écrire de faux messages !
– Oh, là, là ! Vous avez perdu votre sens de l'humour, on dirait, dit Marie. C'est pas la fin du monde non plus !
– Au lieu de s'énerver, on pourrait se venger », propose Suzy.
Anaé accepte à condition que cela ne soit pas trop méchant.

Kimiko recopie les mots de Lukas sur une seule feuille, puis elle signe « Ton amoureux Lukas » en déguisant son écriture.

Avant de retourner en classe, Johanna s'approche d'une grande de CM2.
Elle lui donne la feuille en montrant Lukas du doigt.
La fille déplie la feuille, lit le mot et traverse la cour pour rejoindre le garçon.
Elle lui claque une grosse bise sur le front en lui montrant le mot.
« T'es vraiment trop mignon ! »

Lukas n'a pas le temps de réagir que la cloche sonne.
Lorsqu'il vient se mettre en rang, rouge comme une tomate, les filles lui font une haie d'honneur et s'écrient :
« Vive Lukas et ses secrets d'amour ! »

« La semaine de l'amitié se finit ce soir pour nous, annonce madame Chabon. Si on fait le bilan, vous diriez quoi ? »
Toutes sortes de réflexions fusent dans la classe.
« Pour finir on peut se faire des *hugs* comme les Américains. On se prend dans les bras comme ça, dit Nabila qui en profite pour entourer Basil de ses bras et se serrer contre lui.
– T'es folle, tu vas m'étouffer ! »
dit Basil en se dégageant.

Pour clore le sujet, Anaé a le mot de la fin qui met tout le monde d'accord.
« Ça doit continuer, même si c'est plus la semaine de l'amitié ! »

Sur le chemin du retour, Marie pouffe en rappelant à Basil l'épisode du *hug*.
« T'aurais vu ta tête, quand Nabila t'a pris dans ses bras ! dit Marie en éclatant à nouveau de rire. T'étais raide comme un piquet.
– Tu parles, elle m'a serré super fort. J'avais la honte.
– Ben t'en es pas mort, non ?
– Non. C'est que… j'aurais préféré que ce soit Johanna qui me fasse un *hug*. Mais il faut reconnaître qu'elle sentait bon, Nabila.
– Tu n'auras qu'à en faire un lundi à Johanna pour lui dire bonjour... Tu veux qu'on s'entraîne, pour que tu sois moins raide ? »
ajoute Marie, moqueuse.

Basil fait l'andouille avec Marie en arrivant devant chez elle.
« Au fait, n'oublie pas que je mange chez toi demain soir, lui rappelle Marie. Ma mère sort, elle est invitée au resto ! »

Le lendemain soir, pendant le dîner, Marie et Basil ne peuvent s'empêcher de faire des commentaires.
« Alors, à ton avis, ta mère, c'est un dîner de copains, ou un dîner d'amoureux ? demande Basil.
– Vu le temps qu'elle a passé dans la salle de bains, le nombre d'essayages avant de choisir sa tenue… je crois pouvoir dire sans me tromper que ça sent l'amoureux.
– Et ça sentait aussi le parfum sur le palier quand je t'ai ouvert ! » dit Basil.

« Qu'est-ce que vous manigancez tous les deux ? demande le père de Basil, qui a surpris des bribes de conversation. Vous ne seriez pas un peu curieux ?
– Pas un peu, beaucoup ! dit Basil.
– Finalement, ce serait drôle de finir la semaine de l'amitié par le début d'une histoire d'amour pour ma mère », dit Marie qui aimerait bien que sa mère trouve un amoureux.

La soirée terminée, Basil raccompagne Marie jusque chez elle.
Sur le paillasson, il y a un cœur en papier rouge et une lettre posée dessous.
Marie ouvre la lettre et lit.

Marie, tu es la plus jolie.
Marie, veux-tu être ma chérie ?
S'il te plaît, dis-moi OUI.
Signé : Kanoa.

Marie devient rouge comme une tomate.
Elle bafouille, elle bredouille en glissant la lettre dans sa poche.
« C'est qui ? demande Basil qui fait semblant de ne rien avoir vu.
– C'est un secret.
– D'accord, mais je te l'avais bien dit : il manquait une ligne dans ta liste.
On dirait que tu ne l'as pas vu venir celui-là. »

Dans son lit, Marie se sent toute chose.
Elle pose le cœur sur sa table de nuit, relit la lettre plusieurs fois puis la glisse sous son oreiller et éteint sa lampe de chevet.
Elle se tourne et se retourne dans son lit.
Elle n'en revient pas : Kanoa est venu jusqu'ici déposer son cœur devant sa porte.
Jamais elle n'a vraiment fait attention à lui.
Elle se demande ce qu'elle va lui dire lundi.

Elle a déjà un super copain,
mais c'est la première fois qu'elle a un amoureux.
Est-ce qu'elle va pouvoir garder les deux ?

Retrouve les aventures de Basil, Marie
et tous leurs copains du CE2
dans les autres histoires de **Je suis en CE2**.

Déjà parus :

Les nouveaux copains

Les délégués de classe

Une semaine au château

Ensemble, on est plus forts !

L'arbre à familles